Learn About The Netherlands While You Learn...

Dutch

Foreword

Dear Reader,

Welcome to a unique journey—a journey that is as much about discovering the charming mysteries of the Netherlands as it is about embracing the beautiful Dutch language. This book is crafted with the curious traveler and eager learner in mind. Whether you have ties to the Netherlands, plans to visit, or simply a love for culture and language, this guide will offer you insights and knowledge in a truly special way.

The Netherlands, with its winding canals, vast tulip fields, and rich history, is a country full of stories. Some are globally renowned, while others remain local secrets. In this book, we delve into 50 topics that many don't know about the Netherlands, shedding light on its lesser-known facets.

The unique format of this book allows English speakers to easily grasp Dutch. On the left side, you'll find the information in English. Turn your gaze to the right, and there it is—the same information, but in Dutch.

By the end of this book, you will not only have enriched your knowledge about the Netherlands but also taken significant strides in understanding and appreciating the Dutch language.

Happy learning and happy exploring!

Tables of Contents

6. Bike Capital
8. Tallest People
10. Kissing Greeting
12. Orange Color
14. King's Day
16. Windmills
18. Flat Land
20. Wooden Shoes
22. Tulip Fields
24. Elfstedentocht
26. Canals
28. Stroopwafels
30. Raw Herring
32. Town Without Roads
34. Dutch Licorice
36. Car-Free Island
38. Bitterballen
40. Anne Frank House
42. Hoge Veluwe
44. Van Gogh Museum
46. Efteling
48. Friesland Language

50. Miffy The Rabbit
52. Sinterklaas
54. Dutch Cheese
56. Carrots Are Orange
58. Floating Flower Market
60. Dutch DJs
62. Cue Houses
64. Longest Day
66. Houseboats
68. Afsluitdijk
70. Vondelpark
72. Delft Blue
74. I Amsterdam Sign
76. Cycling Paths
78. Zwarte Piet
80. Museum Card
82. Dutch Breakfast
84. Keukenhof Garden
86. Hagelslag
88. Pancake Houses
90. Traditional Festivals
92. Glow in Eindhoven
94. Coronation Day
96. Water Management
98. Dutch Golden Age
100. Dutch Coffee
102. Frikandel
104. Dutch Royals

Bike Capital

In the Netherlands, bikes are everywhere! It's called the "Bike Capital" of the world. Why? Because there are more bikes than people. Yes, that's true!

People in the Netherlands love to ride bikes. They use bikes to go to work, to shop, and to visit friends. Kids ride bikes to school. Grandparents ride bikes to the market. It's a big part of their life.

The streets are safe for cycling. There are special paths just for bikes. These paths are called "bike lanes." They make cycling easy and safe.

Why do Dutch people love bikes so much? Bikes are good for health. They don't make pollution. And, the Netherlands is flat, so it's easy to cycle.

Next time you visit the Netherlands, try riding a bike. It's fun, and you'll feel like a local!

Fiets Hoofdstad

In Nederland zijn overal fietsen! Het wordt ook wel de "Fiets Hoofdstad" van de wereld genoemd. Waarom? Omdat er meer fietsen zijn dan mensen. Ja, dat is echt waar!

Mensen in Nederland houden van fietsen. Ze gebruiken fietsen om naar hun werk te gaan, om te winkelen en om vrienden te bezoeken. Kinderen fietsen naar school. Grootouders fietsen naar de markt. Het is een groot deel van hun leven.

De straten zijn veilig om te fietsen. Er zijn speciale paden alleen voor fietsen. Deze paden worden "fietspaden" genoemd. Ze maken fietsen makkelijk en veilig.

Waarom houden Nederlanders zo veel van fietsen? Fietsen is goed voor de gezondheid. Ze veroorzaken geen vervuiling. En Nederland is vlak, dus fietsen is eenvoudig.

De volgende keer dat je Nederland bezoekt, probeer dan eens te fietsen. Het is leuk, en je voelt je een echte local!

Tallest People

Have you heard? Dutch people are really tall! In fact, they are among the tallest people in the whole world.

When you walk in the Netherlands, you might notice. Many men and women are taller than people in other countries. It's common to see tall Dutch families.

Why are Dutch people so tall? Some people think it's because of their good food. Dutch children eat a lot of milk, cheese, and bread. These foods are full of nutrients that help them grow tall and strong.

Others think it's in their genes. That means it's part of their family history to be tall.

Whatever the reason, being tall is normal in the Netherlands. If you visit, don't be surprised to look up when you talk to someone!

Remember, tall or short, every person is special. But in the Netherlands, tall is just a bit more common!

Langste Mensen

Heb je het al gehoord? Nederlanders zijn echt lang! Sterker nog, ze zijn een van de langste mensen ter wereld.

Wanneer je in Nederland loopt, zal het je misschien opvallen. Veel mannen en vrouwen zijn langer dan mensen in andere landen. Het is gebruikelijk om lange Nederlandse families te zien.

Waarom zijn Nederlanders zo lang? Sommige mensen denken dat het door hun goede voeding komt. Nederlandse kinderen drinken veel melk, eten kaas en brood. Deze voedingsmiddelen zitten vol voedingsstoffen die hen helpen groot en sterk te worden.

Anderen denken dat het in hun genen zit. Dat betekent dat het in hun familiegeschiedenis zit om lang te zijn.

Wat ook de reden is, lang zijn is normaal in Nederland. Als je op bezoek komt, wees dan niet verbaasd om omhoog te kijken als je met iemand praat!

Onthoud, lang of kort, elk persoon is speciaal. Maar in Nederland is lang gewoon net iets gebruikelijker!

Kissing Greeting

In many places, people shake hands or hug to say hello. But in the Netherlands, there's a special way to greet friends. They give three kisses on the cheeks!

Here's how it works: when two friends meet, they kiss first on one cheek, then the other cheek, and then back on the first cheek. It's like a dance with their faces! This is a way to show that they are happy to see each other.

It's not just for women. Men and women, and sometimes men and men, do it too. But remember, it's not for everyone. They do it with close friends and family, not strangers.

If you visit the Netherlands, you might see people doing this. It's a warm and friendly hello. But don't worry if you're not used to it. Dutch people understand. You can just smile and wave.

So, the next time you see friends kissing on the cheeks in the Netherlands, you know. It's their special way of saying "Hello!"

Zoenbegroeting

In veel plaatsen geven mensen elkaar een hand of een knuffel om hallo te zeggen. Maar in Nederland is er een speciale manier om vrienden te begroeten. Ze geven drie kussen op de wangen!

Zo werkt het: als twee vrienden elkaar ontmoeten, kussen ze eerst op de ene wang, dan op de andere wang, en dan weer op de eerste wang. Het is net een dans met hun gezichten! Dit is een manier om te laten zien dat ze blij zijn elkaar te zien.

Het is niet alleen voor vrouwen. Mannen en vrouwen, en soms ook mannen onderling, doen het ook. Maar onthoud, het is niet voor iedereen. Ze doen het met naaste vrienden en familie, niet met vreemden.

Als je Nederland bezoekt, zie je misschien mensen dit doen. Het is een warme en vriendelijke begroeting. Maar maak je geen zorgen als je er niet aan gewend bent. Nederlanders begrijpen het. Je kunt gewoon glimlachen en zwaaien.

Dus, de volgende keer dat je vrienden in Nederland op de wangen ziet kussen, weet je het. Het is hun speciale manier om "Hallo!" te zeggen!

Orange Color

Do you like the color orange? In the Netherlands, orange is very special. Why? Because it's their royal color!

The Dutch royal family's last name is "Oranje," which means "Orange." So, on big national days, like King's Day, many Dutch people wear orange clothes. They put on orange hats, shirts, and even paint their faces orange! Streets are full of orange flags and balloons.

It's like a big orange party! People dance, sing, and have fun together. The whole country looks like a sea of orange.

But it's not just about clothes. You can find orange food, drinks, and even orange-colored accessories. Everything turns orange!

If you visit the Netherlands on a national event, don't be surprised. You will see orange everywhere. And if you want to join the fun, wear something orange too!

So, when you think of the Netherlands, remember the color orange. It's more than just a color there. It's a symbol of their royal family and national pride.

Oranje Kleur

Houd je van de kleur oranje? In Nederland is oranje heel speciaal. Waarom? Omdat het hun koninklijke kleur is!

De achternaam van de Nederlandse koninklijke familie is "Oranje." Dus op grote nationale dagen, zoals Koningsdag, dragen veel Nederlanders oranje kleding. Ze trekken oranje hoeden en shirts aan en sommigen verven zelfs hun gezichten oranje! De straten hangen vol met oranje vlaggen en ballonnen.

Het is net een groot oranje feest! Mensen dansen, zingen en hebben samen plezier. Het hele land ziet eruit als een zee van oranje.

Maar het gaat niet alleen om kleding. Je kunt oranje eten, drinken en zelfs oranje accessoires vinden. Alles wordt oranje!

Als je Nederland bezoekt tijdens een nationaal evenement, wees dan niet verrast. Je zult overal oranje zien. En als je mee wilt doen aan de pret, draag dan ook iets oranje!

Dus als je aan Nederland denkt, denk dan aan de kleur oranje. Het is daar meer dan zomaar een kleur. Het is een symbool van hun koninklijke familie en nationale trots.

King's Day

Do you know about King's Day? It's a big day in the Netherlands! On this day, people celebrate the King's birthday. It's like a huge birthday party for the whole country!

On King's Day, the streets become very busy. People wear orange clothes because orange is the royal color. Children and adults sell toys, clothes, and food on the streets. These are called "free markets." Anyone can sell things!

Music is everywhere. Bands play, and people dance in the streets. There are games and fun activities for kids too.

Many people also decorate their boats with orange and sail on the canals. The water looks like it is dancing with the boats!

If you walk around, you can see people laughing, talking, and having fun. The whole country feels happy and excited.

So, King's Day is not just a birthday. It's a day when everyone comes together to have fun and celebrate. If you are in the Netherlands on King's Day, join the party!

Koningsdag

Ken je Koningsdag? Het is een grote dag in Nederland! Op deze dag vieren mensen de verjaardag van de koning. Het is als een enorm verjaardagsfeest voor het hele land!

Op Koningsdag worden de straten erg druk. Mensen dragen oranje kleding omdat oranje de koninklijke kleur is. Kinderen en volwassenen verkopen speelgoed, kleding en eten op straat. Dit worden "vrijmarkten" genoemd. Iedereen kan dingen verkopen!

Overal is muziek. Bands spelen en mensen dansen op straat. Er zijn ook spelletjes en leuke activiteiten voor kinderen.

Veel mensen versieren ook hun boten met oranje en varen op de grachten. Het water lijkt wel te dansen met de boten!

Als je rondloopt, zie je mensen lachen, praten en plezier hebben. Het hele land voelt zich blij en opgewonden.

Dus, Koningsdag is niet zomaar een verjaardag. Het is een dag waarop iedereen samenkomt om plezier te hebben en te vieren. Als je op Koningsdag in Nederland bent, doe dan mee met het feest!

Windmills

The Netherlands is famous for its windmills. When you think of this country, you might see windmills in your mind. And you are right! There are many windmills in the Netherlands.

Did you know that over 1,000 windmills from the year 1850 are still standing? That's a long time ago! These old windmills are very special.

In the past, people used windmills for different jobs. They helped to make flour from grain and to pump water out of the land. Wind is strong in the Netherlands, so windmills worked very well.

Now, many of these old windmills are like museums. People can visit and see how they work. Some windmills still do their old jobs, but many are just for looking and learning.

When you see these tall windmills with big arms turning in the wind, you can feel the history of the Netherlands. It's like stepping back in time!

If you visit the Netherlands, don't forget to see a windmill. They are a big part of the country's story.

Windmolens

Nederland staat bekend om zijn windmolens. Als je aan dit land denkt, zie je misschien windmolens voor je. En dat klopt! Er zijn veel windmolens in Nederland.

Wist je dat er nog steeds meer dan 1.000 windmolens uit het jaar 1850 overeind staan? Dat is al heel lang geleden! Deze oude windmolens zijn erg bijzonder.

Vroeger gebruikten mensen windmolens voor verschillende klussen. Ze hielpen bij het maken van meel uit graan en bij het wegpompen van water uit het land. De wind is sterk in Nederland, dus windmolens werkten heel goed.

Nu zijn veel van deze oude windmolens net musea. Mensen kunnen ze bezoeken en zien hoe ze werken. Sommige windmolens doen nog steeds hun oude werk, maar veel zijn er alleen om naar te kijken en van te leren.

Als je deze hoge windmolens met grote armen in de wind ziet draaien, voel je de geschiedenis van Nederland. Het is alsof je terug in de tijd stapt!

Als je Nederland bezoekt, vergeet dan niet een windmolen te bekijken. Ze zijn een groot deel van het verhaal van het land.

Flat Land

The Netherlands is very flat. When you look around, you don't see many hills or mountains. A lot of the land is lower than the sea. This means the sea is higher than the land!

But how do people live there without water coming in? They use something called "dikes." Dikes are like big walls. They are built next to rivers and the sea. These dikes stop the water from going onto the land.

A long time ago, people in the Netherlands learned how to build these dikes. They wanted to make sure their homes and farms stayed dry. Without dikes, much of the land would be under water!

Today, dikes are very important in the Netherlands. They help keep the country safe and dry. When you visit, you might see these big walls next to the water.

So, even though the land is flat and low, people in the Netherlands have found a way to live there. They are smart and work hard to keep the water out.

Vlak Land

Nederland is erg vlak. Als je om je heen kijkt, zie je niet veel heuvels of bergen. Een groot deel van het land ligt lager dan de zee. Dit betekent dat de zee hoger is dan het land!

Maar hoe kunnen mensen daar wonen zonder dat het water binnenkomt? Ze gebruiken iets dat "dijken" heet. Dijken zijn als grote muren. Ze worden gebouwd naast rivieren en de zee. Deze dijken houden het water tegen zodat het niet het land op kan.

Lang geleden leerden mensen in Nederland hoe ze deze dijken moesten bouwen. Ze wilden ervoor zorgen dat hun huizen en boerderijen droog bleven. Zonder dijken zou een groot deel van het land onder water staan!

Vandaag de dag zijn dijken erg belangrijk in Nederland. Ze helpen het land veilig en droog te houden. Als je op bezoek komt, zie je misschien deze grote muren naast het water.

Dus, hoewel het land vlak en laag is, hebben mensen in Nederland een manier gevonden om er te wonen. Ze zijn slim en werken hard om het water buiten te houden.

Wooden Shoes

In the Netherlands, there is a special shoe. It's not like normal shoes. It's made of wood! These shoes are called "klompen." Many years ago, many Dutch people wore klompen every day.

Why wood? Well, wood keeps feet warm and dry. The Netherlands has many wet places. Klompen were good for walking in mud and water. They kept feet safe and clean.

Today, most people don't wear klompen every day. But, they are still popular. Some people wear them for special events or traditions. Tourists like to buy klompen as gifts. They are a symbol of the Netherlands.

When you see these wooden shoes, they look hard. But inside, they can be very comfortable. Many klompen have a soft inside.

So, if you visit the Netherlands, you might see these wooden shoes. They tell a story about the old days and Dutch tradition.

Houten Schoenen

In Nederland is er een speciale schoen. Het is niet zoals normale schoenen. Het is gemaakt van hout! Deze schoenen worden "klompen" genoemd. Veel jaren geleden droegen veel Nederlanders elke dag klompen.

Waarom hout? Nou, hout houdt de voeten warm en droog. Nederland heeft veel natte plekken. Klompen waren goed om te lopen in modder en water. Ze hielden de voeten veilig en schoon.

Tegenwoordig dragen de meeste mensen niet elke dag klompen. Maar ze zijn nog steeds populair. Sommige mensen dragen ze voor speciale evenementen of traditie. Toeristen kopen graag klompen als cadeau. Ze zijn een symbool van Nederland.

Wanneer je deze houten schoenen ziet, lijken ze hard. Maar van binnen kunnen ze heel comfortabel zijn. Veel klompen hebben een zachte binnenkant.

Dus als je Nederland bezoekt, zie je misschien deze houten schoenen. Ze vertellen een verhaal over vroeger en Nederlandse traditie.

Tulip Fields

The Netherlands has a special flower. It's called the tulip. In spring, something amazing happens. Big fields turn into bright colors. Why? Because of the tulips!

Imagine walking and seeing red, yellow, pink, and purple flowers everywhere. That's what these fields look like. It's like a rainbow on the ground. Many people say it's one of the most beautiful sights in the world.

People from all over come to see these fields. They take pictures and enjoy the view. The air smells sweet and fresh.

The Netherlands is famous for tulips. They grow them and send them to other countries. If you get tulips as a gift, maybe they are from here!

If you visit the Netherlands in spring, don't miss the tulip fields. They show the beauty of nature and the hard work of Dutch farmers.

Tulpenvelden

Nederland heeft een speciale bloem. Het heet de tulp. In de lente gebeurt er iets geweldigs. Grote velden veranderen in felle kleuren. Waarom? Vanwege de tulpen!

Stel je voor dat je loopt en overal rode, gele, roze en paarse bloemen ziet. Zo zien deze velden eruit. Het is als een regenboog op de grond. Veel mensen zeggen dat het een van de mooiste bezienswaardigheden ter wereld is.

Mensen van over de hele wereld komen om deze velden te bekijken. Ze maken foto's en genieten van het uitzicht. De lucht ruikt zoet en fris.

Nederland staat bekend om tulpen. Ze kweken ze en sturen ze naar andere landen. Als je tulpen als cadeau krijgt, komen ze misschien hier vandaan!

Als je Nederland in de lente bezoekt, mis dan niet de tulpenvelden. Ze laten de schoonheid van de natuur zien en het harde werk van Nederlandse boeren.

Elfstedentocht

In the Netherlands, there is a special race. It's called Elfstedentocht. This is not a normal race. It is an ice skating race! People skate on frozen canals and rivers. It's very long, going through 11 Frisian cities. That's exciting!

But here's the thing: it doesn't happen every year. Why? Because the ice needs to be very, very thick. If the ice is thin, it's dangerous. People could fall in the cold water.

So, everyone waits. They hope for very cold weather. They want the ice to be strong. When it's cold enough for a long time, the race can happen.

Many people come to watch. They cheer and have fun. The skaters go fast and try to win. It's a big event in the Netherlands.

If you hear about Elfstedentocht happening, it's special. It means winter is very cold and the ice is perfect.

Elfstedentocht

In Nederland is er een speciale race. Het heet de Elfstedentocht. Dit is geen normale race. Het is een schaatsrace! Mensen schaatsen op bevroren kanalen en rivieren. Het is erg lang en gaat door 11 Friese steden. Dat is spannend!

Maar hier is het ding: het gebeurt niet elk jaar. Waarom? Omdat het ijs heel, heel dik moet zijn. Als het ijs dun is, is het gevaarlijk. Mensen kunnen in het koude water vallen.

Dus iedereen wacht. Ze hopen op heel koud weer. Ze willen dat het ijs sterk is. Als het lang genoeg koud is, kan de race plaatsvinden.

Veel mensen komen kijken. Ze juichen en hebben plezier. De schaatsers gaan snel en proberen te winnen. Het is een groot evenement in Nederland.

Als je hoort dat de Elfstedentocht plaatsvindt, is dat speciaal. Het betekent dat de winter erg koud is en het ijs perfect is.

Canals

The Netherlands has many cities. And in these cities, there are many canals. Canals are like water roads. They are everywhere!

These canals are not just for boats. In the winter, something special happens. When it gets very cold, the water in the canals freezes. It turns into ice. And then, people can skate on them!

Yes, that's right! People put on ice skates and glide over the canals. It's fun and beautiful. Children, moms, dads – everyone loves it. They slide and play on the ice.

But this doesn't happen every winter. It must be very, very cold for the ice to be safe. When it is, the canals become winter wonderlands.

So, if you visit the Netherlands in winter and it's very cold, you might see people skating on canals. It's a Dutch winter joy!

Grachten

Nederland heeft veel steden. En in deze steden zijn er veel grachten. Grachten zijn als waterwegen. Ze zijn overal!

Deze grachten zijn niet alleen voor boten. In de winter gebeurt er iets speciaals. Als het erg koud wordt, bevriest het water in de grachten. Het verandert in ijs. En dan kunnen mensen erop schaatsen!

Ja, dat klopt! Mensen trekken schaatsen aan en glijden over de grachten. Het is leuk en mooi. Kinderen, moeders, vaders - iedereen houdt ervan. Ze glijden en spelen op het ijs.

Maar dit gebeurt niet elke winter. Het moet heel, heel koud zijn om het ijs veilig te maken. Als dat zo is, worden de grachten winterwonderlanden.

Dus als je Nederland in de winter bezoekt en het is erg koud, zie je misschien mensen schaatsen op de grachten. Het is een Nederlands winterplezier!

Stroopwafels

In the Netherlands, there is a special snack. It is called a "stroopwafel". People love it very much!

What is a stroopwafel? Imagine two thin waffles. Now, put sweet syrup between them. Press them together. That's a stroopwafel!

The syrup in the middle is sticky and sweet. The waffles on the outside are soft. When you bite it, you taste both the syrup and the waffles. It's a sweet surprise!

Many people in the Netherlands eat stroopwafels with coffee or tea. They put the stroopwafel on top of their hot drink. Why? The steam from the drink makes the syrup inside warm and melty. It's delicious!

So, if you visit the Netherlands, try a stroopwafel. It's a sweet treat that everyone loves!

Stroopwafels

In Nederland is er een speciale snack. Het heet een "stroopwafel". Mensen zijn er dol op!

Wat is een stroopwafel? Stel je twee dunne wafels voor. Doe nu zoete stroop ertussen. Druk ze samen. Dat is een stroopwafel!

De stroop in het midden is plakkerig en zoet. De wafels aan de buitenkant zijn zacht. Als je erin bijt, proef je zowel de stroop als de wafels. Het is een zoete verrassing!

Veel mensen in Nederland eten stroopwafels bij koffie of thee. Ze leggen de stroopwafel bovenop hun hete drankje. Waarom? De stoom van de drank maakt de stroop van binnen warm en smeltend. Het is heerlijk!

Dus, als je Nederland bezoekt, probeer dan een stroopwafel. Het is een zoete traktatie waar iedereen van houdt!

Raw Herring

In the Netherlands, there is a special food. It is called "raw herring". It is a fish. People eat it raw, without cooking!

This fish is very fresh. Before eating, they clean it. Some people eat it with onions or pickles. It adds extra flavor.

How do people eat it? They hold the fish by its tail. Then, they tilt their head back and take a bite. It's a fun way to eat!

Many Dutch people love raw herring. They say it tastes like the sea. It's salty and fresh.

If you go to the Netherlands, you can try raw herring. It's a true Dutch experience!

Rauwe Haring

In Nederland is er een speciaal eten. Het heet "rauwe haring". Het is een vis. Mensen eten het rauw, zonder koken!

Deze vis is heel vers. Voor het eten maken ze het schoon. Sommige mensen eten het met uien of augurken. Het geeft extra smaak.

Hoe eten mensen het? Ze houden de vis bij de staart. Dan kantelen ze hun hoofd achterover en nemen een hap. Het is een leuke manier om te eten!

Veel Nederlanders houden van rauwe haring. Ze zeggen dat het smaakt naar de zee. Het is zout en vers.

Als je naar Nederland gaat, kun je rauwe haring proberen. Het is een echte Nederlandse ervaring!

Town Without Roads

There is a special town in the Netherlands. Its name is Giethoorn. What makes it special? It has no roads!

Instead of roads, there are canals. Lots of them. People don't use cars. They use boats. Everyone has a boat to go places.

Houses are by the water. They have beautiful gardens. Bridges are everywhere. People walk or cycle over them.

Tourists love Giethoorn. It's peaceful and pretty. The water, the boats, and the green nature make it special.

Visiting Giethoorn is like going into a fairy tale. A town with no roads, only canals!

Dorp Zonder Wegen

Er is een speciaal dorp in Nederland. De naam is Giethoorn. Wat maakt het speciaal? Het heeft geen wegen!

In plaats van wegen zijn er kanalen. Heel veel. Mensen gebruiken geen auto's. Ze gebruiken boten. Iedereen heeft een boot om ergens naartoe te gaan.

Huizen zijn aan het water. Ze hebben mooie tuinen. Overal zijn bruggen. Mensen lopen of fietsen eroverheen.

Toeristen houden van Giethoorn. Het is vredig en mooi. Het water, de boten en de groene natuur maken het speciaal.

Giethoorn bezoeken is alsof je een sprookje binnenstapt. Een dorp zonder wegen, alleen kanalen!

Dutch Licorice

In the Netherlands, there is a special candy. It's called "drop." It looks like licorice, but it's different.

Many Dutch people love drop. It can be sweet or salty. The taste is strong. Some people think it's strange. But for Dutch people, it's a favorite.

There are many shapes and sizes. From coins to little cats. Every kind has its own taste.

When you visit the Netherlands, you should try drop. It's a true Dutch treat!

Nederlandse Drop

In Nederland is er een speciaal snoepje. Het heet "drop." Het lijkt op zoethout, maar het is anders.

Veel Nederlanders houden van drop. Het kan zoet of zout zijn. De smaak is sterk. Sommige mensen vinden het vreemd. Maar voor Nederlanders is het een favoriet.

Er zijn veel vormen en maten. Van muntjes tot kleine katjes. Elke soort heeft zijn eigen smaak.

Als je Nederland bezoekt, moet je drop proberen. Het is een echte Nederlandse traktatie!

Car-Free Island

There is a special island in the Netherlands. It's called Schiermonnikoog. On this island, you will not see many cars.

People use bikes to move around. Some also walk. It's very quiet and peaceful. The air is fresh, and nature is everywhere.

Visitors come to enjoy the peace. They like the clean beaches and the green fields. It's a perfect place to relax.

If you want a break from noise and cars, visit Schiermonnikoog. It's a Dutch paradise!

Auto-vrij Eiland

Er is een speciaal eiland in Nederland. Het heet Schiermonnikoog. Op dit eiland zie je niet veel auto's.

Mensen gebruiken fietsen om zich te verplaatsen. Sommigen lopen ook. Het is erg rustig en vredig. De lucht is fris en overal is natuur.

Bezoekers komen om van de rust te genieten. Ze houden van de schone stranden en de groene velden. Het is een perfecte plek om te ontspannen.

Als je even weg wilt van lawaai en auto's, bezoek dan Schiermonnikoog. Het is een Nederlands paradijs!

Bitterballen

Bitterballen are a favorite snack in the Netherlands. They are round and small. Inside, there is soft meat. The outside is crispy and golden.

People often eat them with mustard. They are hot and tasty. You can find them in many Dutch cafes. They are perfect with a cold drink.

If you visit the Netherlands, you must try bitterballen. They are a special Dutch treat!

Bitterballen

Bitterballen zijn een favoriete snack in Nederland. Ze zijn rond en klein. Binnenin zit zacht vlees. De buitenkant is knapperig en goudkleurig.

Mensen eten ze vaak met mosterd. Ze zijn heet en lekker. Je kunt ze in veel Nederlandse cafés vinden. Ze zijn perfect met een koud drankje.

Als je Nederland bezoekt, moet je bitterballen proberen. Ze zijn een speciale Nederlandse traktatie!

Anne Frank House

The Anne Frank House is in Amsterdam. It is a special museum. Long ago, a girl named Anne Frank lived here. During World War II, she and her family hid in this house. They hid because they were Jewish and were in danger.

Anne wrote in a diary about her life. Her diary is famous all over the world. The museum tells her story.

Many people visit this place. They learn about Anne and history. It is a sad but important place.

Anne Frank Huis

Het Anne Frank Huis is in Amsterdam. Het is een speciaal museum. Lang geleden woonde hier een meisje genaamd Anne Frank. Tijdens de Tweede Wereldoorlog verborg zij en haar familie zich in dit huis. Ze verborgen zich omdat ze Joods waren en in gevaar waren.

Anne schreef in een dagboek over haar leven. Haar dagboek is over de hele wereld beroemd. Het museum vertelt haar verhaal.

Veel mensen bezoeken deze plek. Ze leren over Anne en geschiedenis. Het is een verdrietige maar belangrijke plek.

Hoge Veluwe

Hoge Veluwe is a big park in the Netherlands. It is a special place for nature. People can see many animals here. There are deer and wild boars. They live in the forest and fields.

Many people who love nature come here. They walk, bike, and watch animals. The air is fresh and it is quiet. It's a good place to relax and enjoy the outdoors.

Hoge Veluwe

Hoge Veluwe is een groot park in Nederland. Het is een speciale plek voor de natuur. Mensen kunnen hier veel dieren zien. Er zijn herten en wilde zwijnen. Ze leven in het bos en de velden.

Veel mensen die van de natuur houden, komen hier. Ze wandelen, fietsen en kijken naar dieren. De lucht is fris en het is stil. Het is een goede plek om te ontspannen en van de buitenlucht te genieten.

Van Gogh Museum

The Van Gogh Museum is in Amsterdam. It has many paintings by Vincent van Gogh. He was a famous artist from the Netherlands. People from all over the world come to see his art.

The paintings are colorful and special. "Sunflowers" and "Starry Night" are very popular. People can learn about Van Gogh's life and his art in this museum.

It's a good place to see beautiful art and learn about a famous artist.

Van Gogh Museum

Het Van Gogh Museum is in Amsterdam. Het heeft veel schilderijen van Vincent van Gogh. Hij was een beroemde kunstenaar uit Nederland. Mensen van over de hele wereld komen om zijn kunst te zien.

De schilderijen zijn kleurrijk en speciaal. "Zonnebloemen" en "Sterrennacht" zijn erg populair. Mensen kunnen in dit museum meer leren over het leven van Van Gogh en zijn kunst.

Het is een goede plek om mooie kunst te zien en meer te leren over een beroemde kunstenaar.

Efteling

Efteling is a big theme park in the Netherlands. It's all about fairy tales. Kids love this place because it's magical.

There are rides, shows, and lots of fairy tale characters. From dragons to mermaids, there's something for everyone.

Families come to Efteling to have fun and enjoy the magic. It's a special place where dreams come true.

Efteling

Efteling is een groot themapark in Nederland. Het gaat allemaal over sprookjes. Kinderen houden van deze plek omdat het magisch is.

Er zijn attracties, shows en veel sprookjesfiguren. Van draken tot zeemeerminnen, er is voor ieder wat wils.

Families komen naar Efteling om plezier te hebben en van de magie te genieten. Het is een bijzondere plek waar dromen uitkomen.

Friesland Language

In the Netherlands, there is a province called Friesland. People in Friesland are special because they speak two languages: Dutch and Frisian.

Frisian is the oldest living language, and it's different from Dutch. Not everyone in the Netherlands speaks it, only people in Friesland.

In schools, streets, and homes in Friesland, you can hear both Dutch and Frisian. It's a big part of their culture and history.

Friese Taal

In Nederland is er een provincie genaamd Friesland. Mensen in Friesland zijn speciaal omdat ze twee talen spreken: Nederlands en Fries.

Fries is de oudst levende Germaanse taal en het is anders dan Nederlands. Niet iedereen in Nederland spreekt het, alleen mensen in Friesland.

Op scholen, straten en in huizen in Friesland kun je zowel Nederlands als Fries horen. Het is een groot deel van hun cultuur en geschiedenis.

Miffy the Rabbit

In the Netherlands, there is a famous rabbit named Miffy. Miffy is a white bunny with big ears and a cute face. She comes from children's books.

Dick Bruna, a Dutch artist, created Miffy. Kids around the world love her. The stories are simple and the pictures are very nice.

In the books, Miffy has many adventures. She plays with her friends, goes to school, and has fun. Kids learn from Miffy's stories too.

Nijntje het Konijn

In Nederland is er een beroemd konijn genaamd Nijntje. Nijntje is een wit konijntje met grote oren en een lief gezicht. Ze komt uit kinderboeken.

Dick Bruna, een Nederlandse artiest, heeft Nijntje gecreëerd. Kinderen over de hele wereld houden van haar. De verhalen zijn eenvoudig en de plaatjes zijn erg mooi.

In de boeken beleeft Nijntje veel avonturen. Ze speelt met haar vrienden, gaat naar school en heeft plezier. Kinderen leren ook van Nijntje's verhalen.

Sinterklaas

In the Netherlands, there's a special man named Sinterklaas. He is like Santa Claus, but a bit different. Every year, in December, he comes to give gifts.

He wears a red hat and has a big white beard. He doesn't come from the North Pole, but from Spain. He doesn't have reindeer, but a white horse.

Children are very excited when Sinterklaas comes. They put their shoes by the door at night. In the morning, they find gifts inside!

Sinterklaas brings happiness and fun. Dutch kids love this tradition.

Sinterklaas

In Nederland is er een speciale man genaamd Sinterklaas. Hij lijkt op de Kerstman, maar is een beetje anders. Elk jaar, in december, komt hij om cadeautjes te geven.

Hij draagt een rode hoed en heeft een grote witte baard. Hij komt niet van de Noordpool, maar uit Spanje. Hij heeft geen rendieren, maar een wit paard.

Kinderen zijn heel blij als Sinterklaas komt. Ze zetten 's nachts hun schoen bij de deur. In de ochtend vinden ze daar cadeautjes in!

Sinterklaas brengt blijdschap en plezier. Nederlandse kinderen houden van deze traditie.

Dutch Cheese

In the Netherlands, cheese is very popular. Two of the most famous cheeses are Gouda and Edam.

Gouda cheese is named after a city in the Netherlands. It is creamy and smooth. Many people love its taste.

Edam cheese is also named after a Dutch city. It has a red or yellow skin. It is milder than Gouda.

Both these cheeses are yummy and loved around the world. If you visit the Netherlands, you must try them!

Nederlandse Kaas

In Nederland is kaas erg populair. Twee van de bekendste kazen zijn Gouda en Edam.

Goudse kaas is vernoemd naar een stad in Nederland. Het is romig en zacht. Veel mensen houden van de smaak.

Edammer kaas is ook vernoemd naar een Nederlandse stad. Het heeft een rode of gele schil. Het is milder dan Gouda.

Beide kazen zijn lekker en over de hele wereld geliefd. Als je Nederland bezoekt, moet je ze zeker proberen!

Carrots Are Orange

Many people know carrots as orange. But did you know why? Some people say it's because of the Dutch!

Long ago, carrots were not always orange. They were purple, white, or yellow. But there's a story that Dutch farmers changed them.

Why? To honor their royal family, the House of Orange. They made orange carrots as a special gift.

Today, orange carrots are famous all over the world. And some think it's thanks to the Dutch!

Wortels Zijn Oranje

Veel mensen kennen wortels als oranje. Maar weet je ook waarom? Sommigen zeggen dat het door de Nederlanders komt!

Lang geleden waren wortels niet altijd oranje. Ze waren paars, wit of geel. Maar er is een verhaal dat Nederlandse boeren ze veranderd hebben.

Waarom? Om hun koninklijke familie, het Huis van Oranje, te eren. Ze maakten oranje wortels als een speciaal cadeau.

Tegenwoordig zijn oranje wortels over de hele wereld bekend. En sommigen denken dat het dankzij de Nederlanders is!

Floating Flower Market

Amsterdam is a city with many canals. And on these canals, there is a special market. It's not on land, but on boats! This market is for flowers.

People come to see the beautiful flowers on the water. They can buy tulips, roses, and many other flowers. The boats with flowers make the water colorful.

It's not like other markets. The Floating Flower Market is unique to Amsterdam. If you love flowers, you must see this market!

Drijvende Bloemenmarkt

Amsterdam is een stad met veel grachten. En op deze grachten is er een speciale markt. Het is niet op het land, maar op boten! Deze markt is voor bloemen.

Mensen komen om de mooie bloemen op het water te zien. Ze kunnen tulpen, rozen en veel andere bloemen kopen. De boten met bloemen maken het water kleurrijk.

Het is niet zoals andere markten. De Drijvende Bloemenmarkt is uniek voor Amsterdam. Als je van bloemen houdt, moet je deze markt zien!

Dutch DJs

The Netherlands is a small country, but big in music. Especially in electronic dance music, or EDM. Many world-famous DJs come from here. One of the most famous is Tiesto.

People all over the world dance to the music of Dutch DJs. They play in big festivals and shows. These DJs make the crowd happy with their beats.

If you like EDM, you might like Dutch music. The Netherlands is very proud of their DJs. They show the world that Dutch people know how to make great music!

Nederlandse DJ's

Nederland is een klein land, maar groot in muziek. Vooral in elektronische dancemuziek, of EDM. Veel wereldberoemde DJ's komen hier vandaan. Een van de bekendste is Tiesto.

Mensen over de hele wereld dansen op de muziek van Nederlandse DJ's. Ze spelen op grote festivals en shows. Deze DJ's maken het publiek blij met hun beats.

Als je van EDM houdt, vind je misschien Nederlandse muziek leuk. Nederland is erg trots op hun DJ's. Ze laten de wereld zien dat Nederlanders weten hoe ze geweldige muziek moeten maken!

Cube Houses

In the city of Rotterdam, you can find very special houses. They are shaped like cubes! These houses are not like normal houses. They are tilted and look like they are dancing.

The Cube Houses, or "Kubuswoningen" in Dutch, are famous. Many tourists come to see them. Inside, the rooms are also in strange shapes. Living in one must be very different!

People love to take photos here. The Cube Houses show how Dutch people like to be creative with design. If you visit Rotterdam, you should see them!

Kubuswoningen

In de stad Rotterdam kun je heel bijzondere huizen vinden. Ze hebben de vorm van kubussen! Deze huizen zijn niet zoals normale huizen. Ze zijn gekanteld en lijken wel te dansen.

De Kubuswoningen zijn beroemd. Veel toeristen komen om ze te bekijken. Binnen zijn de kamers ook in vreemde vormen. In zo'n huis wonen moet heel anders zijn!

Mensen maken hier graag foto's. De Kubuswoningen laten zien hoe Nederlanders graag creatief zijn met ontwerp. Als je Rotterdam bezoekt, moet je ze zeker zien!

Longest Day

Every year, June 21 is a special day. It's the longest day of the year! In the Netherlands, the sun stays up for a very long time on this day.

People can enjoy the daylight till almost midnight. It's amazing! On this day, it feels like the sun doesn't want to sleep.

It's nice to spend time outside with friends or family. You can have a picnic, play games, or just sit and watch the sun slowly go down. The longest day makes summer in the Netherlands very special.

Langste Dag

Elk jaar is 21 juni een speciale dag. Het is de langste dag van het jaar! In Nederland blijft de zon op deze dag heel lang op.

Mensen kunnen tot bijna middernacht van het daglicht genieten. Het is geweldig! Op deze dag lijkt het alsof de zon niet wil slapen.

Het is fijn om buiten tijd door te brengen met vrienden of familie. Je kunt picknicken, spelletjes spelen, of gewoon zitten en kijken hoe de zon langzaam ondergaat. De langste dag maakt de zomer in Nederland heel speciaal.

Houseboats

Amsterdam has many canals. These canals are very beautiful. But they are not just for looking. Some people live on these canals. How? They live in houseboats!

A houseboat is like a floating home. It's a boat, but also a house. These boats have rooms, kitchens, and bathrooms just like regular houses.

Living in a houseboat is different. You are close to the water every day. It's peaceful. In the morning, you can see ducks swimming by your window. At night, the water makes gentle sounds.

Many tourists like to see these houseboats. They are a special part of Amsterdam.

Woonboten

Amsterdam heeft veel grachten. Deze grachten zijn erg mooi. Maar ze zijn niet alleen om naar te kijken. Sommige mensen wonen op deze grachten. Hoe? Ze wonen in woonboten!

Een woonboot is als een drijvend huis. Het is een boot, maar ook een huis. Deze boten hebben kamers, keukens en badkamers net als gewone huizen.

Wonen in een woonboot is anders. Je bent elke dag dichtbij het water. Het is vredig. 's Morgens zie je eenden voorbij je raam zwemmen. 's Nachts maakt het water zachte geluiden.

Veel toeristen vinden het leuk om deze woonboten te zien. Ze zijn een bijzonder deel van Amsterdam.

Afsluitdijk

The Netherlands has lots of water. To stay safe from the sea, they built a big dike. This dike is called Afsluitdijk. It is very long!

Afsluitdijk connects two provinces. It is like a road on the water. People can drive on it. The dike keeps the sea out. This is important because much of the country is below sea level.

Building Afsluitdijk was hard work. But it is a symbol of Dutch strength against water. Today, many people visit to see this amazing dike.

Afsluitdijk

Nederland heeft veel water. Om veilig te blijven van de zee, bouwden ze een grote dijk. Deze dijk heet Afsluitdijk. Het is heel lang!

Afsluitdijk verbindt twee provincies. Het is als een weg op het water. Mensen kunnen erop rijden. De dijk houdt de zee buiten. Dit is belangrijk omdat veel van het land onder zeeniveau ligt.

Het bouwen van Afsluitdijk was hard werken. Maar het is een symbool van Nederlandse kracht tegen water. Vandaag de dag komen veel mensen om deze geweldige dijk te zien.

Vondelpark

Vondelpark is a big park in Amsterdam. It's a special place for many people. Why? Because it's a place to relax and have fun!

Many trees and flowers are in Vondelpark. Birds sing, and the air is fresh. People love to sit on the grass and enjoy the sun. Families have picnics. They bring food and sit together.

But that's not all. Many people bike in Vondelpark. The paths are perfect for cycling. You can see children riding bikes and playing games.

Some people just like to walk and look around. They see ponds, birds, and maybe even some art. It's peaceful and beautiful.

If you go to Amsterdam, visit Vondelpark. Bring a blanket, some food, and have a picnic. Or just walk and enjoy the nature. It's a favorite place for many!

Vondelpark

Vondelpark is een groot park in Amsterdam. Het is een speciale plek voor veel mensen. Waarom? Omdat het een plek is om te ontspannen en plezier te hebben!

In Vondelpark staan veel bomen en bloemen. Vogels zingen en de lucht is fris. Mensen houden ervan om op het gras te zitten en van de zon te genieten. Gezinnen hebben picknicks. Ze nemen eten mee en zitten samen.

Maar dat is nog niet alles. Veel mensen fietsen in Vondelpark. De paden zijn perfect om te fietsen. Je ziet kinderen fietsen en spelletjes spelen.

Sommige mensen houden er gewoon van om te wandelen en rond te kijken. Ze zien vijvers, vogels en misschien zelfs wat kunst. Het is rustig en mooi.

Als je naar Amsterdam gaat, bezoek dan Vondelpark. Neem een deken mee, wat eten, en houd een picknick. Of wandel gewoon en geniet van de natuur. Het is een favoriete plek voor velen!

Delft Blue

In the Netherlands, there is a special kind of pottery. It's called "Delft Blue". This pottery is blue and white. It's very pretty.

The designs on Delft Blue are often flowers, birds, or old Dutch scenes. Each piece is special because it's handmade. Many years ago, people started making it in the city of Delft.

Today, people from all over the world love Delft Blue. They buy it when they visit the Netherlands. It's a beautiful memory to take home.

Delfts Blauw

In Nederland is er een speciaal soort aardewerk. Het heet "Delfts Blauw". Dit aardewerk is blauw en wit. Het is erg mooi.

De ontwerpen op Delfts Blauw zijn vaak bloemen, vogels of oude Nederlandse taferelen. Elk stuk is speciaal omdat het handgemaakt is. Veel jaren geleden begonnen mensen het te maken in de stad Delft.

Tegenwoordig houden mensen van over de hele wereld van Delfts Blauw. Ze kopen het als ze Nederland bezoeken. Het is een mooie herinnering om mee naar huis te nemen.

I Amsterdam Sign

In Amsterdam, there is a big sign. It says "I Amsterdam". Many people know this sign. Tourists love to take pictures here.

The sign is big and the letters are tall. It's near the Rijksmuseum. When people see this sign, they think of Amsterdam.

It's a fun place. People climb on the letters and smile for photos. The sign shows the love for the city. If you go to Amsterdam, you should see this sign!

I Amsterdam Bord

In Amsterdam staat een groot bord. Er staat "I Amsterdam" op. Veel mensen kennen dit bord. Toeristen maken hier graag foto's.

Het bord is groot en de letters zijn hoog. Het staat dichtbij het Rijksmuseum. Als mensen dit bord zien, denken ze aan Amsterdam.

Het is een leuke plek. Mensen klimmen op de letters en lachen voor foto's. Het bord laat de liefde voor de stad zien. Als je naar Amsterdam gaat, moet je dit bord zien!

Cycling Paths

In the Netherlands, bikes are very popular. People ride bikes everywhere. But what is special? There are roads just for bikes! These are called cycling paths.

Cycling paths are safe. Cars cannot drive on them. They are usually red. This means bikes can move easily.

Children, old people, everyone uses them. Going to work or school? Use the cycling path. They are everywhere in the country. It's a great way to travel!

Fietspaden

In Nederland zijn fietsen erg populair. Mensen fietsen overal. Maar wat is er speciaal? Er zijn wegen alleen voor fietsen! Dit noemen we fietspaden.

Fietspaden zijn veilig. Auto's kunnen er niet rijden. Ze zijn meestal rood. Dit betekent dat fietsen gemakkelijk kunnen bewegen.

Kinderen, oude mensen, iedereen gebruikt ze. Naar je werk of school gaan? Gebruik het fietspad. Ze zijn overal in het land. Het is een geweldige manier om te reizen!

Zwarte Piet

In the Netherlands, there is a holiday called Sinterklaas. It is in December. Sinterklaas is like Santa Claus. But he has a helper named Zwarte Piet.

Zwarte Piet is a funny character. He gives out sweets to children. Kids love him.

But there is a discussion. Some people think Zwarte Piet is not okay. They say his look is old and not right for today. Others think it's a tradition.

The Netherlands talks about this a lot. Some places change how Zwarte Piet looks. They want everyone to be happy.

Zwarte Piet

In Nederland is er een feest genaamd Sinterklaas. Het is in december. Sinterklaas lijkt op de Kerstman. Maar hij heeft een helper genaamd Zwarte Piet.

Zwarte Piet is een grappig figuur. Hij geeft snoepjes aan kinderen. Kinderen houden van hem.

Maar er is een discussie. Sommige mensen vinden Zwarte Piet niet goed. Ze zeggen dat zijn uiterlijk oud is en niet past bij vandaag. Anderen denken dat het een traditie is.

Nederland praat hier veel over. Sommige plaatsen veranderen hoe Zwarte Piet eruitziet. Ze willen dat iedereen blij is.

Museum Card

In the Netherlands, there is a special card called the Museum Card. If you have this card, you can visit many museums. And you pay only one price for the card.

This card is good for people who love art and history. You can see many things without paying a lot.

Tourists like this card. But Dutch people use it too. It's a good way to learn and have fun.

With the Museum Card, exploring becomes easy. Every museum trip is a new adventure.

Museumkaart

In Nederland is er een speciale kaart genaamd de Museumkaart. Als je deze kaart hebt, kun je veel musea bezoeken. En je betaalt slechts één prijs voor de kaart.

Deze kaart is goed voor mensen die van kunst en geschiedenis houden. Je kunt veel zien zonder veel te betalen.

Toeristen houden van deze kaart. Maar Nederlanders gebruiken het ook. Het is een goede manier om te leren en plezier te hebben.

Met de Museumkaart wordt ontdekken makkelijk. Elk museumbezoek is een nieuw avontuur.

Dutch Breakfast

In the Netherlands, breakfast is simple but tasty. Many Dutch people eat slices of bread. On the bread, they put cheese or something sweet. A favorite sweet thing is "hagelslag." It's like chocolate sprinkles.

Kids and adults love it. Some people also drink milk or coffee with their bread.

This type of breakfast is quick and easy. But it's also very Dutch. When you visit, you must try it!

Nederlands Ontbijt

In Nederland is het ontbijt eenvoudig maar lekker. Veel Nederlanders eten boterhammen. Op het brood leggen ze kaas of iets zoets. Een favoriet zoet beleg is "hagelslag." Het lijkt op chocoladekorrels.

Kinderen en volwassenen zijn er dol op. Sommige mensen drinken ook melk of koffie bij hun brood.

Dit soort ontbijt is snel en makkelijk. Maar het is ook heel Nederlands. Als je op bezoek komt, moet je het zeker proberen!

Keukenhof Gardens

Keukenhof is a special place in the Netherlands. It is a big garden with lots of flowers. Every spring, millions of flowers bloom there.

You can see tulips in many colors. There are also daffodils, lilies, and other flowers. The sight is beautiful and looks like a painting.

Many tourists come to see the flowers. There are paths to walk and take pictures. If you visit in spring, you must go to Keukenhof!

Keukenhof Tuinen

Keukenhof is een bijzondere plek in Nederland. Het is een grote tuin met heel veel bloemen. Elke lente bloeien daar miljoenen bloemen.

Je kunt er tulpen in veel kleuren zien. Er zijn ook narcissen, lelies en andere bloemen. Het uitzicht is prachtig en lijkt wel een schilderij.

Veel toeristen komen naar de bloemen kijken. Er zijn paden om te wandelen en foto's te maken. Als je in de lente op bezoek komt, moet je naar Keukenhof gaan!

Hagelslag

In the Netherlands, there is a yummy treat called "hagelslag". They are chocolate sprinkles. But they are not just for desserts!

Many Dutch people like to put hagelslag on their bread. They spread butter on a slice of bread and sprinkle hagelslag on top. It is a popular breakfast or snack.

It might sound strange, but it is very tasty. If you visit the Netherlands, you should try it!

Hagelslag

In Nederland is er een lekkere traktatie genaamd "hagelslag". Dit zijn chocoladehagels. Maar ze zijn niet alleen voor toetjes!

Veel Nederlanders doen hagelslag op hun brood. Ze smeren boter op een sneetje brood en strooien er hagelslag overheen. Het is een populair ontbijt of tussendoortje.

Het klinkt misschien vreemd, maar het is erg lekker. Als je Nederland bezoekt, moet je het proberen!

Pancake Houses

In the Netherlands, there are special restaurants called "Pancake Houses". As the name suggests, they serve pancakes. But not just regular pancakes!

These houses offer many different types of pancakes. You can have them with fruit, chocolate, or even meat and cheese. It's not only a breakfast food in the Netherlands. People eat them for lunch or dinner too.

They are bigger and thinner than American pancakes. If you visit the Netherlands, try eating at a Pancake House. It's a tasty experience!

Pannenkoekhuizen

In Nederland zijn er speciale restaurants genaamd "Pannenkoekhuizen". Zoals de naam al zegt, serveren ze pannenkoeken. Maar niet gewoon pannenkoeken!

Deze huizen bieden veel verschillende soorten pannenkoeken aan. Je kunt ze hebben met fruit, chocolade, of zelfs vlees en kaas. Het is niet alleen een ontbijt in Nederland. Mensen eten ze ook voor de lunch of het avondeten.

Ze zijn groter en dunner dan Amerikaanse pannenkoeken. Als je Nederland bezoekt, probeer dan te eten in een Pannenkoekhuis. Het is een smakelijke ervaring!

Traditional Festivals

In the Netherlands, there are special days for celebration. Two big ones are "Koningsdag" and "Bevrijdingsdag."

"Koningsdag" means "King's Day." It's a day to celebrate the king's birthday. On this day, streets are full of orange colors. Why orange? Because it's the color of the royal family. People wear orange clothes and have fun parties. There's music, dancing, and games.

"Bevrijdingsdag" is "Liberation Day." It's a day to remember when the Netherlands became free after World War II. People are thankful for their freedom. There are big music concerts and events. Everyone comes together to celebrate.

If you go to the Netherlands on these days, you will see lots of joy and celebration. It's a time of happiness and remembering.

Traditionele Festivals

In Nederland zijn er speciale dagen om te vieren. Twee grote zijn "Koningsdag" en "Bevrijdingsdag."

"Koningsdag" is de dag waarop de verjaardag van de koning wordt gevierd. Op deze dag zijn de straten vol met oranje kleuren. Waarom oranje? Omdat het de kleur is van de koninklijke familie. Mensen dragen oranje kleding en hebben leuke feestjes. Er is muziek, dans en spelletjes.

"Bevrijdingsdag" is de dag waarop wordt herinnerd dat Nederland na de Tweede Wereldoorlog vrij werd. Mensen zijn dankbaar voor hun vrijheid. Er zijn grote muziekconcerten en evenementen. Iedereen komt samen om te vieren.

Als je op deze dagen naar Nederland gaat, zie je veel vreugde en viering. Het is een tijd van geluk en herinnering.

Glow in Eindhoven

Every year, there's a special festival in Eindhoven called "Glow". It's all about light! At this festival, artists from all over the world come to show their light art.

The whole city becomes bright and colorful at night. Buildings, streets, and parks light up with different art pieces. It's like walking in a dream. People come from many places to see the amazing light displays. If you visit Eindhoven during Glow, you will see the city in a whole new light!

Glow in Eindhoven

Elk jaar is er een speciaal festival in Eindhoven genaamd "Glow". Het gaat helemaal over licht! Op dit festival komen kunstenaars van over de hele wereld om hun lichtkunst te tonen.

De hele stad wordt 's nachts helder en kleurrijk. Gebouwen, straten en parken lichten op met verschillende kunstwerken. Het is alsof je in een droom loopt. Mensen komen uit veel plaatsen om de geweldige lichtshows te zien. Als je Eindhoven bezoekt tijdens Glow, zie je de stad in een heel nieuw licht!

Coronation Day

Coronation Day is a special day. On this day, people celebrate the royal family. It is when a new king or queen wears a crown for the first time. Everyone is happy and proud. In the streets, there are parades, music, and dancing. People wear nice clothes and wave flags. Children play and laugh. It's a day of joy and unity. The whole country comes together to honor their king or queen. It's a beautiful tradition!

Kroningsdag

Kroningsdag is een bijzondere dag. Op deze dag vieren mensen het koninklijke gezin. Het is wanneer een nieuwe koning of koningin voor het eerst een kroon draagt. Iedereen is blij en trots. In de straten zijn er optochten, muziek en dans. Mensen dragen mooie kleren en zwaaien met vlaggen. Kinderen spelen en lachen. Het is een dag van vreugde en eenheid. Het hele land komt samen om hun koning of koningin te eren. Het is een prachtige traditie!

Water Management

The Dutch are very smart with water. They live in a country with lots of water around. Sometimes, the water can be a problem. But the Dutch have learned to control it. They build big walls called dikes to keep the water out. They also make pumps to move water away. One amazing thing they do is make land from the sea. This is called "polder". It is land that was once under water. Thanks to their skills, the Dutch can live and farm on this new land. They are true water experts!

Waterbeheer

De Nederlanders zijn erg slim met water. Ze wonen in een land met veel water eromheen. Soms kan het water een probleem zijn. Maar de Nederlanders hebben geleerd het te beheersen. Ze bouwen grote muren genaamd dijken om het water tegen te houden. Ze maken ook pompen om water weg te bewegen. Een geweldig ding dat ze doen is land maken uit de zee. Dit heet "polder". Het is land dat ooit onder water was. Dankzij hun vaardigheden kunnen de Nederlanders op dit nieuwe land wonen en boeren. Ze zijn echte waterexperts!

Dutch Golden Age

Long ago, there was a special time in the Netherlands called the Dutch Golden Age. During this time, the Netherlands was very rich and powerful. They were famous for trading things with many countries. Dutch ships sailed everywhere. The Dutch also made beautiful art. Painters like Rembrandt and Vermeer created famous paintings. Many people wanted Dutch art. This time was very important for the Netherlands. The Dutch Golden Age made the country famous all over the world.

Nederlandse Gouden Eeuw

Lang geleden was er een speciale tijd in Nederland, genaamd de Nederlandse Gouden Eeuw. Tijdens deze periode was Nederland erg rijk en machtig. Ze stonden bekend om het handelen met veel landen. Nederlandse schepen voeren overal naartoe. De Nederlanders maakten ook prachtige kunst. Schilders zoals Rembrandt en Vermeer maakten beroemde schilderijen. Veel mensen wilden Nederlandse kunst. Deze tijd was erg belangrijk voor Nederland. De Nederlandse Gouden Eeuw maakte het land over de hele wereld beroemd.

Dutch Coffee

In the Netherlands, people love their coffee. Dutch coffee is often strong and rich in flavor. When you order coffee in a Dutch café, it usually comes with a special treat: a single cookie. This cookie is placed next to your coffee cup. It's a small but sweet tradition.

So, if you visit the Netherlands and have a coffee, don't be surprised when you get a cookie too. It's the Dutch way of enjoying coffee!

Nederlandse Koffie

In Nederland houden mensen van hun koffie. Nederlandse koffie is vaak sterk en rijk van smaak. Als je koffie bestelt in een Nederlands café, krijg je er meestal een speciale traktatie bij: een enkel koekje. Dit koekje wordt naast je koffiekopje geplaatst. Het is een kleine maar zoete traditie.

Dus als je Nederland bezoekt en een koffie neemt, wees dan niet verrast als je ook een koekje krijgt. Het is de Nederlandse manier van koffie drinken!

Frikandel

In the Netherlands, there's a snack that many people love: the frikandel. It looks like a long, skinless sausage. It's deep-fried and has a unique taste. Many Dutch people like to eat it with mayonnaise. Sometimes, they even put it in a bun like a hotdog.

If you're in the Netherlands, you can find it in most snack bars. It's a true Dutch favorite. Try a frikandel if you want a taste of Dutch fast food!

Frikandel

In Nederland is er een snack waar veel mensen dol op zijn: de frikandel. Het lijkt op een lange, velloze worst. Het wordt gefrituurd en heeft een unieke smaak. Veel Nederlanders eten het graag met mayonaise. Soms stoppen ze het zelfs in een broodje, net als een hotdog.

Als je in Nederland bent, kun je het in de meeste snackbars vinden. Het is een echte Nederlandse favoriet. Probeer een frikandel als je een voorproefje wilt van Nederlandse fastfood!

Dutch Royals

The Netherlands is not just a country; it's a kingdom! That means it has a royal family. Right now, the king is King Willem-Alexander. He became king in 2013. Before him, his mother was the queen. Her name is Queen Beatrix. The Dutch royal family is important for the country. They do many official events and represent the Netherlands in other countries.

If you visit, you might see palaces where the royals live. They are a symbol of Dutch history and tradition.

Nederlandse Royals

Nederland is niet zomaar een land; het is een koninkrijk! Dat betekent dat het een koninklijke familie heeft. Op dit moment is de koning Koning Willem-Alexander. Hij werd in 2013 koning. Voor hem was zijn moeder de koningin. Haar naam is Koningin Beatrix. De Nederlandse koninklijke familie is belangrijk voor het land. Ze doen veel officiële evenementen en vertegenwoordigen Nederland in andere landen.

Als je op bezoek komt, zie je misschien paleizen waar de royals wonen. Ze zijn een symbool van de Nederlandse geschiedenis en traditie.

Help Us Share Your Thoughts!

Dear Reader,

Thank you for choosing to read our book. We hope you enjoyed the journey through its pages and that it left a positive impact on your life. As an independent author, reviews from readers like you are incredibly valuable in helping us reach a wider audience and improve our craft.

If you enjoyed our book, we kindly ask for a moment of your time to leave an honest review. Your feedback can make a world of difference by providing potential readers with insight into the book's content and your personal experience.

Your review doesn't have to be lengthy or complicated—just a few lines expressing your genuine thoughts would be immensely appreciated. We value your feedback and take it to heart, using it to shape our future work and create more content that resonates with readers like you.

By leaving a review, you are not only supporting us as authors but also helping other readers discover this book. Your voice matters, and your words have the power to inspire others to embark on this literary journey.

We genuinely appreciate your time and willingness to share your thoughts. Thank you for being an essential part of our author journey.

Made in United States
Troutdale, OR
12/17/2024

26690514R00060